쓰면서 깨치는
법구경 사경 (상)

쓰면서 깨치는 **법구경 사경** ㊌

찍은날 ▍ 불기 2561년(서기 2017년) 3월 20일
펴낸날 ▍ 불기 2561년(서기 2017년) 3월 28일

엮은이 ▍ 정 의 행
펴낸이 ▍ 조 명 숙
펴낸곳 ▍ 도서출판 북도드리
등록번호 ▍ 제16-2083호
등록일자 ▍ 2000년 1월 17일

주소 ▍ 서울 · 금천구 가산디지털1로 205,
　　　　 705 (가산동, KCC웰츠밸리))
전화 ▍ (02) 851-9511
팩스 ▍ (02) 852-9511
전자우편 ▍ appbook21@naver.com

ISBN 978-89-86607-94-9 03220

값 5,000원

• 잘못된 책은 바꾸어드립니다.

쓰면서 깨치는
법구경 사경 상

정의행 엮음

북도드리
도서출판

일러두기

● 한문본 법구경에서 대개 교육용 한자 1800자 범위 내의
한자로 이루어진 게송(시)을 가려 뽑아 엮었습니다.

● 법구경에서 주제별로 가장 중요하고 아름다운 게송들을
가려 뽑아 엮었습니다.

● 책의 하단에 게송의 원문과 우리말 번역문을 싣고, 게송
과 관련된 부처님의 일화를 법구비유경에서 간추려 실
었습니다.

● '사경하는 방법'과 '한자를 잘 쓰는 요령'을 읽어보고
한 글자 한 글자 정성스럽게 쓰시기 바랍니다.

〈쓰면서 깨치는 법구경 사경〉을 엮으며

법구경(法句經)은 부처님의 시집입니다. 법구경에는 부처님께서 고통과 번뇌에 시달리는 이들을 깨우쳐 주기 위해 들려주신 간절한 진리의 시구(詩句)가 가득합니다. 그래서 예로부터 많은 이들이 법구경을 애송하여 왔습니다.

쉬우면서도 심오하고 아름다운 법구경의 시들은 불자들에게 인생의 좌우명이 되어줄 뿐만 아니라, 불교를 처음 접하는 이들에게도 좋은 길잡이가 되어줍니다. 실로 불교의 금언집(金言集)이라 해도 지나친 말이 아닙니다.

그래서 법구경은 오랜 세월 기독교 문화권이었던 서구에서조차 영어, 프랑스어, 독일어, 라틴어 등으로 번역되어 널리 읽혀져 왔습니다.

법구경은 고대 인도말인 빠알리어로 '담마파다'라고 합니다. '담마'란 '진리'이고, '파다'란 '말씀'이라는 뜻입니다. '담마파다'는 곧 '진리의 말씀'이라는 뜻입니다.

법구경에 담겨 있는 진리의 시들은 부처님께서 일시에 읊으신 것이 아니라, 사람들에게 어떤 문제가 발생했을 때마다 그 문제를 스스로 해결할 수 있도록 깨우치고자 들려 주신 시들입니다. 그러므로 한 구절 한 구절에 당시 사람들의 애환과 사연이 담겨 있고, 부처님의 생생한 교화(教化)의 일화가 담겨 있습니다. 부처님의 가르침에 따라 수행(修行)을 한 제자들의 이야기가 담겨 있기에 감동이 더욱 큽니다.

이 책은 법구경의 시구를 직접 써 보며 부처님의 진리를 가슴에 새길 수 있도록 엮었습니다. 특히 청소년들도 즐겁게 쓸 수 있도록 마음썼습니다. 아무쪼록 모든 분이 법구경을 쓰고 읽은 공덕으로 마음의 평화와 깨달음을 얻으시기를 기원합니다.

엮은이 손 모음

차 례

법 구 경

이야기로 듣는 법구경

사경(寫經)이란?

‘사경(寫經)’ 이란 부처님의 가르침이 담긴 경전을 베껴 쓰는 일입니다.

우리 조상들은 부처님의 가르침을 널리 전하기 위해서뿐만 아니라 모든 생명들과 부모님을 위해 기원하며 정성껏 사경을 했습니다. 박물관에 가 보면 우리 조상들이 사경한 경전들을 볼 수 있습니다.

우리 조상들은 한 글자 한 글자 쓸 때마다 부처님께 삼배(三拜)를 올렸다고 합니다. 오늘날 꼭 그대로 하지 못할지라도 그러한 정성으로 사경을 한다면 마음의 바다가 저절로 맑아져 깨달음의 달이 환하게 비칠 것입니다.

사경을 하면 어떤 점이 좋을까?

1. 마음이 집중된다.
2. 마음이 편안해진다.
3. 마음이 맑아진다.
4. 번뇌가 사라져 지혜로워진다.
5. 부처님 가르침을 바르게 이해하게 된다.
6. 한문 실력이 좋아진다.
7. 글씨를 잘 쓸 수 있게 된다.
8. 매일 시간을 정해 사경을 하면 차분해지고 부지런해진다.
9. 부처님의 돌보심을 입어 고통 번뇌가 사라지고 소원이 성취된다.
10. 깊은 믿음과 굳건한 신념이 생긴다.

사경하는 방법

1. 몸과 입과 마음가짐을 깨끗이 한다.
2. 환경을 정돈한다.
3. 바르게 앉아 호흡을 가다듬는다.
4. 합장하고 '개경게'를 읽는다.(11쪽 참고)
5. 펜을 잡고 한 글자 한 글자 베껴 쓴다.
6. 한 줄 쓰고 난 뒤 합장하거나 삼배를 올리고 다시 사경을 한다.
7. 사경을 마친 뒤 사경 날짜와 이름을 쓴다.
8. 이웃과 겨레, 모든 생명들을 위해 부처님께 발원을 한다.(개인 발원 또는 회향 발원문 읽기 : 111쪽 참고)
9. 손수 쓴 경전을 들고 소리 내어 읽는다.
10. 부처님께 삼배를 올린다.
11. 완성된 사경을 다른 사람에게 선물하거나 부처님께 올린다.

한자를 잘 쓰려면

1. 바른 자세로 정성껏 써야 바른 글씨를 쓸 수 있다.
2. 펜은 45도, 볼펜이나 연필은 50도 정도 기울게 잡고 쓰는 것이 좋다.
3. 펜이나 연필을 너무 눌러 쓰지 않는 것이 좋다.
4. 필순(글자를 쓰는 순서)에 맞게 써야 쉽고 바르고 모양새 있게 쓸 수 있다.

한자의 필순

1. 2대 원칙
(1) 위에서 아래로 쓴다.　　　　　　➜ 三 : 一 二 三
(2) 왼쪽에서 오른쪽으로 쓴다.　　　➜ 川 : 丿 丿丨 川

2. 일반적인 원칙
(1) 가로 획을 먼저 쓴다.　　　　　　➜ 十 : 一 十
(2) 가운데를 먼저 쓴다.　　　　　　➜ 小 : 亅 亅小 小
(3) 바깥을 먼저 쓴다.　　　　　　　➜ 火 : 丶 丶丶 少 火
(4) 꿰뚫는 획은 나중에 쓴다.　　　➜ 中 : 丨 冂 口 中
(5) 삐침을 먼저 쓴다.　　　　　　　➜ 九 : 丿 九
(6) 오른쪽 위에 있는 점은 나중에 쓴다. ➜ 犬 : 一 ナ 大 犬
(7) 받침이 ㉠ 독립자 일 때는 먼저 쓰고,　➜ ㉠起 : 走 起
　　　㉡ 독립자가 아닐 때는 맨 나중에 쓴다.　㉡近 : 斤 近

10

개경게(開經偈 : 경전을 여는 게송)

가장 높고 깊고 묘한 부처님의 가르침은
백천만 겁 지나도록 만나 뵙기 어려운데
제가 지금 보고 듣고 받아들여 지니오니
부처님의 진실한 뜻 깨닫고자 하옵니다.

常	者	皆	盡		高	者	亦	墮	
항상 상	놈 자	다 개	다할 진		높을 고	놈 자	또 역	떨어질 타	
常	者	皆	盡		高	者	亦	墮	
常	者	皆	盡		高	者	亦	墮	
常	者	皆	盡		高	者	亦	墮	

1. 무상(無常)　　　　常者皆盡　高者亦墮

영원하다는 것도 (언젠가는) 다 사라지고
높다는 것도 (언젠가는) 떨어지네.

合	會	有	離		生	者	有	死	
합할 합	모일 회	있을 유	떠날 리		날 생	놈 자	있을 유	죽을 사	
合	會	有	離		生	者	有	死	
合	會	有	離		生	者	有	死	
合	會	有	離		生	者	有	死	

合會有離　生者有死

모인 것도 (언젠가는) 헤어짐이 있고
태어난 것도 (언젠가는) 죽음이 있네.

도살장의 소

    어느 날 부처님이 제자들과 함께 라자그리하성 안에 들어가셨다가 해질녘에 성을 나와 절로 돌아오시는데, 소 치는 사람이 몰고 오는 소떼를 만나셨다.

    하루 종일 실컷 풀을 뜯어먹은 소들은 신나게 이리 뛰고 저리 뛰고 서로 떠받으며 몰려오고 있었다.

    그 소들은 도살장의 소들이었는데 백정은 날마다 살찐 소를 골라잡았다.

    곧 죽을 줄도 모르고 날뛰는 어리석은 소들을 가엾이 여기며 부처님은 제자들에게 이렇게 말씀하셨다.

    "어찌 곧 죽을 줄 모르고 날뛰는 소들만 어리석다 하겠느냐? 세상 사람들도 '영원한 것이란 없음(무상)'을 모르고 이기적인 욕망에 사로잡혀 향락에 빠지고 서로 해치며 살다가 덧없이 죽어가니 저 소들과 무엇이 다르겠느냐?"

    그리고는 시를 읊으시니, 제자들이 깨달음을 얻었다.

思	而	不	放	逸	爲	人	學	仁	迹
생각 사	말 이을 이	아니 불	놓을 방	편안할 일	할 위	사람 인	배울 학	어질 인	자취 적
思	而	不	放	逸	爲	人	學	仁	迹
思	而	不	放	逸	爲	人	學	仁	迹
思	而	不	放	逸	爲	人	學	仁	迹

2. 배움

思而不放逸　爲人學仁迹

깊이 생각하여 방탕하지 말고
사람들을 위해 자비의 길을 배우라.

從	是	無	有	憂	常	念	自	滅	意
따를 종	이 시	없을 무	있을 유	근심 우	항상 상	생각 념	스스로 자	없앨 멸	뜻 의
從	是	無	有	憂	常	念	自	滅	意
從	是	無	有	憂	常	念	自	滅	意
從	是	無	有	憂	常	念	自	滅	意

從是無有憂　常念自滅意

이것으로 말미암아 근심이 없어지리니
항상 생각하여 스스로 이기적인 뜻을 없애라.

16

잠만 자는 게으름뱅이

밥만 먹고 잠만 자는 어느 게으름뱅이가 있었다. 어느 날 부처님은 그가 자는 방에 들어가 그를 깨우시고 나서 이 시를 들려주셨다.

게으름뱅이는 부처님이 몸소 깨우시자 송구스러워 몸 둘 바를 몰랐다.

부처님은 그에게 물으셨다.

"혹시 네 전생의 일을 아느냐?"

"마음이 어두워서 전혀 모릅니다."

부처님은 게으름뱅이에게 그의 전생 이야기를 들려주셨다.

"전생에도 너는 항상 네 한 몸의 이익만 찾고 틈만 나면 배불리 먹고 잠만 잤다. 그러다가 목숨을 마치고는 굼벵이 벌레 따위로 태어났다. 항상 어두운 곳에 웅크리고 살며 잠만 자는 삶이었다. 이제야 겨우 죄가 다해 사람이 되었는데도 배움은 게을리 하고 여전히 잠만 자느냐?"

게으름뱅이는 부처님의 말씀을 듣고 잘못을 뉘우치고 배움에 힘쓰게 되었다.

人	爲	命	事	醫	欲	勝	依	豪	强
사람 인	할 위	목숨 명	섬길 사	의사 의	하고자할욕	이길 승	의지할 의	부유할 호	군셀 강
人	爲	命	事	醫	欲	勝	依	豪	强
人	爲	命	事	醫	欲	勝	依	豪	强
人	爲	命	事	醫	欲	勝	依	豪	强

3. 학문 　　　　　　　 人爲命事醫　欲勝依豪强

사람들은 목숨을 위해 의사를 섬기고
남들을 이기고자 부와 권력에 의지하네.

法	在	智	慧	處	福	行	世	世	明
법 법	있을 재	지혜 지	지혜 혜	곳 처	복 복	행할 행	세상 세	세상 세	밝을 명
法	在	智	慧	處	福	行	世	世	明
法	在	智	慧	處	福	行	世	世	明
法	在	智	慧	處	福	行	世	世	明

法在智慧處　福行世世明

그러나 진리는 지혜 있는 곳에 있나니
남들의 행복을 위해 일하면 세세생생 밝으리.

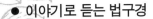

고집쟁이 환자

　부처님 제자 중에 수닷타라는 상인이 있었다. 그의 친구 호시가 중병에 걸렸는데 자기가 섬기는 신만 믿고서 치료를 하려 들지 않았다.

　아무리 말해도 듣지 않는 고집쟁이 친구를 딱하게 여긴 수닷타는 어느 날 부처님을 모셔왔다. 부처님은 따뜻한 말로 호시를 위로하며 어떻게 치료를 하고 있느냐고 물으셨다.

　"오로지 신에게 기도하면 될 줄 알고 치료를 받지 않았습니다. 하지만 병이 낫지 않습니다."

　"병이 나도 치료를 받지 않아 죽는 것은 어리석은 죽음이오. 그 병은 신이나 임금, 부모도 고쳐 줄 수 없소. 의약으로 고칠 수 있는 병은 의약으로 고치고, 마음의 병은 진리를 배우고 깨우쳐서 고쳐야 하오. 그래서 지혜를 얻고 어려운 사람들을 돕는다면 항상 편안할 것이오."

　부처님의 말씀을 듣고 호시의 몸과 마음의 아픔이 사라지고 편안해졌다.

信	能	渡	淵		攝	爲	船	師	
믿을신	능할능	건널도	못연		거둘섭	할위	배선	스승사	
信	能	渡	淵		攝	爲	船	師	
信	能	渡	淵		攝	爲	船	師	
信	能	渡	淵		攝	爲	船	師	

4. 믿음 　　　　　信能渡淵　攝爲船師

믿음은 (생사의) 물을 건널 수 있고
마음의 집중은 뱃사공 되네.

精	進	除	苦		慧	到	彼	岸	
정할정	나아갈진	제할제	괴로울고		지혜혜	이를도	저피	언덕안	
精	進	除	苦		慧	到	彼	岸	
精	進	除	苦		慧	到	彼	岸	
精	進	除	苦		慧	到	彼	岸	

精進除苦　慧到彼岸

정진은 괴로움을 없애주고
지혜는 저 언덕에 다다르게 해 주네.

＊피안(彼岸) : 온갖 고통과 번뇌가 사라진 열반의 경지를 강의 저쪽 기슭에 비유한 말. 따라서 '저 언덕에 다다른다'는 말은 온갖 고통으로부터 벗어나 열반에 이른다는 말.

믿음으로 강을 건넌 사람

사밧티의 동남쪽 강가에 큰 마을이 있었다. 그 마을 사람들은 남을 속이는 것을 일삼으며 방탕한 생활을 하고 있었다.

어느 날 부처님은 그 마을에 찾아가 사람들에게 진리를 말씀하셨다. 그러나 마을 사람들은 믿으려 하지 않았다.

그때 어떤 사람이 물 위를 걸어 강을 건너오더니 부처님께 절을 올렸다.

모두들 놀라 그에게 물었다.

"당신은 어떤 도술이 있기에 물 위를 걷는 거요?"

"나는 평범한 사람인데 부처님이 이 마을에서 진리를 말씀하신다는 소식을 듣고, 진리를 듣고자 하는 믿음 하나로 강을 건너왔소. 도술과는 상관없소."

그러자 부처님은 그를 칭찬하며 이 시를 읊으셨다.

마을 사람들은 마음이 열리고 믿음이 생겨 모두들 부처님을 믿게 되었다.

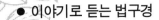

한낮에 횃불을 든 사람

　부처님이 코삼비국의 미음정사라는 절에서 대중들에게 진리를 가르치고 계실 때의 일이다. 그 나라에 어떤 도사가 있었는데, 어찌나 해박한지 모르는 것이 없었다.

　그는 천하에 감히 자신을 상대할 만한 사람이 없다고 뽐내며 한낮에 횃불을 들고 성 안의 거리를 돌아다녔다.

　"당신은 왜 한낮에 횃불을 들고 다니오?"

　이렇게 사람들이 물으면 그는 대꾸했다.

　"세상 사람들이 모두 어리석고 어두워 아무것도 보지 못하니 내가 횃불로 비추어 주는 것이오."

　부처님은 그가 충분히 깨달을 수 있는 사람인데도 교만하여 이름이나 내려고 하는 것이 안타까웠다. 그렇게 잘난 체하다 나쁜 길로 빠질까 걱정하시던 부처님은 어느 날 차림새를 바꾸시고 거리에 나가 그 도사에게 말을 건네셨다.

　"여보시오, 당신은 왜 그런 짓을 하시오?"

　그러자 도사는 늘 하는 것처럼 대꾸했다.

　"사람들이 어리석고 어두워 밤이나 낮이나 보지 못하니 내가 횃불로 비추어 주는 것이오."

　이런 말을 들으면 남들 같으면 그를 미친 놈 취급하거나 더 상대를 하지 않았겠지만 부처님은 다시 말을 건네셨다.

　"당신은 책을 많이 읽었다는데, 당신네 브라만의 경전에 있는 네 가지 밝은 법을 혹시 아시오?"

　"뭐라고요? 네 가지 밝은 법이라니 그게 무엇이오?"

　모르는 것이 없다는 그 도사도 부처님의 질문에는 막혀 버린 것이다.

　"첫째는 천문지리에 밝아 사철의 조화를 아는 것이고, 둘째는 별자리에 밝아 오행을 아는 것이요, 셋째는 정치에 밝아 나라를 평화롭게 하는 것이요, 넷째는 군사에 밝아 나라를 굳건히 지키는 것이오. 당신은 브라만으로서 이 네 가지 밝은 법을 알고 있소?"

　그러자 그 도사는 부끄러워 합장을 하며 어쩔 줄 몰라 했다. 부처님은 본래의 모습으로 돌아간 후에 그를 위해 시를 들려 주었다.

　"조금 아는 것이 있다 하여
　스스로 뽐내며 남을 업신여기면
　마치 장님이 횃불을 잡고 있는 것 같아
　남을 비춰 줄지는 몰라도
　자신은 어둡기만 하네."

　부처님은 이어서 도사에게 말씀하셨다.
　"어리석고 어두운 사람 중에 당신보다 더 어두운 사람은 없을 것이오. 그런데도 한낮에 횃불을 들고 돌아다니시오? 당신이 아는 것은 티끌만큼도 못 되는 것이오."
　도사는 이 말씀을 듣고 부끄러워하며 머리를 숙였다.
　"저를 제자로 받아 주십시오."
　부처님은 그를 받아들여 스님이 되게 하셨다. 그 후 그는 어리석은 생각에서 벗어나 곧 아라한(깨달음을 얻은 성자)이 되었다.

(법구비유경에서)

明	哲	守	戒		内	思	正	智	
밝을 명	밝을 철	지킬 수	경계할 계		안 내	생각 사	바를 정	지혜 지	
明	哲	守	戒		内	思	正	智	
明	哲	守	戒		内	思	正	智	
明	哲	守	戒		内	思	正	智	

5. 계율　　　　　明哲守戒　內思正智

밝고 지혜로워 계율을 지키고
안으로 바른 지혜를 생각하며

行	道	如	應		自	淸	除	苦	
행할 행	길 도	같을 여	마땅할 응		스스로 자	맑을 청	제할 제	괴로울 고	
行	道	如	應		自	淸	除	苦	
行	道	如	應		自	淸	除	苦	
行	道	如	應		自	淸	除	苦	

行道如應　自淸除苦

마땅한 그대로 진리를 행하면
스스로 맑아져 괴로움이 사라지네.

*계(戒) : 불교의 계율. 모든 불자가 지켜야 할
5계, 10선계, 보살계 등이 있고, 스님들이 지켜
야 할 비구계 등이 있다.

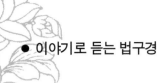

계율을 지키고 죽은 스님

옛날 어떤 스님 두 분이 이웃 나라에 계시는 부처님을 뵈려고 길을 떠났다.

두 나라 사이에는 아무도 살지 않는 빈 들판이 있었는데, 가뭄이 들어 모든 물이 말라 버린 상태였다.

스님들은 목이 말라 허덕이다가 웅덩이를 발견했다. 거기에는 한 되쯤 되는 물이 고여 있었지만 벌레들이 가득 들어 있었다.

벌레가 사는 물을 먹자니 '생명을 죽이지 말라'는 계율을 어기는 게 되고, 계율을 지키자니 당장에 죽겠고…… 두 스님은 고민에 빠졌다.

"우선 물을 먹어 목숨을 부지해야 부처님을 뵐 수 있지 않겠소? 먹읍시다."

"아니오. 살생을 하고 사느니 나는 차라리 계율을 지키고 죽겠소."

두 스님은 의견이 엇갈렸다.

여러분이라면 어떻게 하시겠습니까?

부처님을 뵈려고 길을 떠난 두 스님은 목 타는 허허벌판 가운데서 만난 웅덩이 앞에서 갈등이 생겼다. 그 오래

된 웅덩이에 고인 한 되 남짓한 물속에 벌레들이 가득 들어 있었기 때문이다.

이윽고 한 스님은 물을 마음껏 마시고 길을 떠났고, 다른 한 스님은 생명을 죽이지 말라는 부처님의 계율을 지키기 위해 끝내 물을 마시지 않고 계속 가다가 지쳐서 숨을 거두고 말았다. 그러나 그는 그날로 도리천이라는 하늘나라에 태어나게 되었다. 거기서 그는 돌이켜 생각해 보았다.

'아하, 그렇구나. 내가 전생에 계율을 어기지 않고 끝내 생명을 해치지 않았기 때문에 여기 태어나게 되었구나.'

그는 곧 부처님 계신 곳으로 날아가 부처님을 뵙고 예배하였다.

한편, 벌레가 든 물을 마시고 길을 떠난 스님은 길에서 하루를 더 지낸 뒤에야 부처님 계신 곳에 이르렀다.

그는 감격스럽게 부처님을 뵙고 예배한 뒤 눈물을 흘리며 거기까지 오는 동안에 있었던 일을 말씀드렸다.

"제 도반(벗)은 길에서 숨을 거두고 말아, 안타깝게도 부처님을 뵙고자 하

는 소원을 이루지 못했습니다."

"이미 알고 있다."

부처님은 손으로 하늘사람을 가리키며 말씀하셨다.

"여기 이 하늘사람이 바로 네 도반이다. 이 사람은 계율을 잘 지켰기 때문에 하늘나라에 태어나게 되어, 오히려 너보다 먼저 찾아오게 되었다."

그리고는 가슴을 헤쳐 보이시며 말씀하셨다.

"너는 내 얼굴만 보려 했지 내 계율은 받들지 않았다. 그러므로 너는 나를 보고 있지만 사실은 내게서 만 리나 떨어져 있다. 그러나 계율을 받들어 지킨 사람은 바로 눈앞에 있다."

부처님은 이어서 다음과 같은 시를 들려 주셨다.

"진리를 배우면서
가르침을 많이 듣고
계율을 어기지 않으면
그는 금생에도
다음 생에도 칭찬을 받고
바라던 것을 이루게 되네.

진리를 배우면서도
가르침을 잘 듣지 않고
계율을 온전히 지키지 않으면
그는 금생에도 다음 생에도
고통을 받고
바라던 것을 잃고 마네.
대개 공부에는 두 가지가 있으니
가르침을 많이 들은 이를
항상 가까이 하고
침착하고 자세하게
이치를 살펴보며
아무리 고생이 되더라도
그릇된 길로 빠지지는 말라."

계율을 어겼던 스님은 이 시를 듣고 부끄러워 머리를 숙이고 깊이 뉘우쳤다. 그리고 하늘사람은 이 시를 듣고 기쁜 마음과 진리의 눈이 생겼다. 거기 모인 대중들도 모두 부처님 말씀을 받들어 실천하였다.

(법구비유경에서)

29

연습문제

1. 다음 한자어의 음을 써 보세요.
   ① 生死(　　　)　　② 勝敗(　　　)　　③ 富貴(　　　)
   ④ 智慧(　　　)　　⑤ 精進(　　　)　　⑥ 淸淨(　　　)

2. 다음 뜻에 해당하는 한자어를 써 보세요.
   ① 불교에서 '영원한 것은 없다' 는 진리를 이르는 말로서, 흔히 '덧없다'
   는 뜻으로 쓰이는 말 ……………………………………………… (　　　)
   ② 불교에서 '고통 번뇌로부터 벗어나 도달하는 열반의 경지' 를 강의 저
   편 언덕에 비유한 말 …………………………………………… (　　　)

3. 법구경의 게송(시)을 한자음으로 읽고 풀이해 보세요.
   ① 思而不放逸　爲人學仁迹

   음 : _____

   풀이 : _____

   _____

   ② 精進除苦　慧到彼岸

   음 : _____

   풀이 : _____

   _____

정답
1. ① 생사 ② 승패 ③ 부귀 ④ 지혜 ⑤ 정진 ⑥ 청정
2. ① 無常 ② 彼岸
3. ① 15쪽 참조 ② 22쪽 참조

己	知	自	覺	意	是	爲	佛	弟	子
몸 기	알 지	스스로 자	깨달을 각	뜻 의	이 시	할 위	부처 불	아우 제	아들 자
己	知	自	覺	意	是	爲	佛	弟	子
己	知	自	覺	意	是	爲	佛	弟	子
己	知	自	覺	意	是	爲	佛	弟	子

6. 마음 집중　　　　　己知自覺意　是爲佛弟子

스스로 깨닫는 마음을 스스로 안 사람이
바로 부처님의 제자라네.

31

常	當	晝	夜	念	佛	與	法	及	衆
항상상	마땅당	낮주	밤야	생각념	부처불	더불여	법법	미칠급	무리중
常	當	晝	夜	念	佛	與	法	及	衆
常	當	晝	夜	念	佛	與	法	及	衆
常	當	晝	夜	念	佛	與	法	及	衆

常當晝夜念　佛與法及衆

항상 밤낮으로 생각하라.
부처님과 진리와 스님들을.

부처님을 찾아가는 길

인도 마가다국의 빔비사라왕에게 불가사왕이라는 친구가 있었습니다. 빔비사라 왕은 불심이 지극한 데 반해 불가사왕은 아직 불교를 몰랐습니다.

어느 날 빔비사라왕은 불가사왕으로부터 칠보로 만든 꽃을 선물받고 답례로 손수 베껴 쓴 경전을 편지와 함께 보냈습니다.

"보배꽃을 보내주셔서 감사합니다. 나는 진리의 꽃을 보내 드리니 잘 읽고 뜻을 생각해 보십시오. 진리의 맛을 같이 나누고 싶습니다."

불가사왕은 경전을 받아 읽고 마음이 트여 나라를 태자에게 물려준 뒤 스스로 머리를 깎고 출가를 하려 했습니다.

부처님을 찾아가는 길에 어느 옹기굴 속에 들어가 하룻밤을 묵는데 부처님은 그가 안타깝게도 절에 도착하기 전에 죽을 줄을 미리 아시고 스님으로 변신하여 그리 찾아가셨습니다.

"부처님과 진리의 스님들을 늘 생각하면 부처님을 뵌 거나 다름없습니다."

부처님이 이런 말씀과 함께 이 시를 읊어 주시자 그는 곧 깨쳤습니다.

履	仁	行	慈		博	愛	濟	衆	
밟을 리	어질 인	행할 행	사랑 자		넓을 박	사랑 애	건널 제	무리 중	
履	仁	行	慈		博	愛	濟	衆	
履	仁	行	慈		博	愛	濟	衆	
履	仁	行	慈		博	愛	濟	衆	

7. 자비(慈悲)　　　　履仁行慈　博愛濟衆

인자한 마음으로 자비를 행하며
널리 사랑하여 뭇 생명을 건지라.

有	十	一	譽		福	常	隨	身	
있을 유	열 십	하나 일	명예 예		복 복	항상 상	따를 수	몸 신	
有	十	一	譽		福	常	隨	身	
有	十	一	譽		福	常	隨	身	
有	十	一	譽		福	常	隨	身	

有十一譽　福常隨身

그러면 열한 가지 좋은 일이 있어
행복이 항상 그 몸을 따르리라.

＊박애(博愛) : 모든 생명을 평등하게 사랑한다
는 말. 서구 시민사회의 이념으로 흔히 쓰는
이 말이 불교에서 더 넓은 뜻으로 이미 쓰였음
을 알 수 있다.

假	令	盡	壽	命	勤	事	天	下	神
거짓 가	하여금 령	다할 진	목숨 수	목숨 명	부지런할 근	섬길 사	하늘 천	아래 하	귀신 신
假	令	盡	壽	命	勤	事	天	下	神
假	令	盡	壽	命	勤	事	天	下	神
假	令	盡	壽	命	勤	事	天	下	神

假令盡壽命　勤事天下神

가령 목숨이 다하도록
천하의 신들을 부지런히 섬기고

象	馬	以	祠	天	不	如	行	一	慈
코끼리상	말마	써이	사당사	하늘천	아니불	같을여	행할행	한일	사랑할자
象	馬	以	祠	天	不	如	行	一	慈
象	馬	以	祠	天	不	如	行	一	慈
象	馬	以	祠	天	不	如	行	一	慈

象馬以祠天　不如行一慈

코끼리나 말을 잡아 하늘에 제사를 지내도
단 한 번 자비를 행하는 것만 못하네.

37

사냥꾼 마을의 부처님

부처님이 라자그리하에 계실 때 그곳에서 오백 리 떨어진 산속에 122명이 마을을 이루고 살고 있었다. 그들은 산속에서 사냥을 업으로 삼아, 짐승 가죽으로 옷을 해 입고 고기를 고기를 먹으며 살았다. 농사는 애초부터 짓지 않았다. 그들은 귀신을 섬겼고, 부처님이나 부처님의 가르침, 스님을 알지 못했다.

부처님은 그들을 깨우쳐야겠다고 생각하시고 그곳을 찾아가 어느 나무 밑에 앉아 계셨다.

마침 남자들은 모두 사냥을 나가고 여자들만 남아 있었다. 여자들은 부처님의 빛이 천지를 비추자 산중의 나무며 돌이 다 금빛으로 변하는 것을 보고서 놀라고 기뻐했다. 그들은 부처님을 신으로 알고 모두들 와서 예배하고 공양을 올렸다.

부처님은 이 여자들에게 생명을 죽이는 짓의 죄와, 자비를 베푸는 일의 복됨을 말씀해 주셨다. 여자들은 가르침을 듣고 기뻐하며 부처님께 자기들이 먹는 고기를 대접하려고 했다.

"저희 산촌 사람들은 짐승을 잡아 고기를 먹고 삽니다. 보잘것없는 음식이나마 받아 주십시오."

마을 여자들이 부처님께 고기를 바치자 부처님은 말씀하셨다.

"부처의 법에는 고기를 먹지 않소. 더구나 나는 이미 밥을 먹고 와서 또 먹을 필요가 없다오. 사람 사는 세상에 먹을 것이 수없이 많은데 왜 유익한 음식을 먹지 않고 굳이 생명을 잡아먹고 싶니까? 그러면 죽어서 나쁜 세계에 떨어지므로 손해가 될 뿐 아무 이익도 없지요. 사람이라면 오곡을 먹고 살며 동물들을 가엾이 여겨야지요. 벌레 따위도 살려고 꿈틀거리지 않습니까? 그런데도 동물을 잡아먹는다면 그 죄가 얼마나 크겠습니까? 모든 생명을 사랑하여 함부로 죽이지 않는다면 세세생생 환난이 없을 것이오."

그리고는 이런 시를 들려 주었다.

"모든 생명을 죽이지 말고
사랑하라.
항상 이런 생활이 몸에 배면
이야말로 죽지 않는 삶이라
언제 어디서나 근심 없으리.
아무 짓도 하지 말라.
중생을 해치거나 괴롭히지 말라.
부처님의 가르침대로

항상 순수한 자비를 행하라.
만족할 줄 알고 그칠 줄을 알면
생사로부터 해방되리라."

부처님이 이 시를 읊으시고 나자, 남자들이 사냥에서 돌아왔다.

부녀자들은 부처님 말씀을 듣느라 미처 남자들을 마중 나가지 못하였다. 남자들은 평상시와 다르므로 이상하게 여기고 무슨 변이 있나 싶어 고기를 던져 넣고 달려왔다. 와서 보니, 여자들이 모두 어떤 남자 앞에 앉아 손을 모으고서 이야기를 듣고 있는 게 아닌가!

남자들은 분노하여 소리를 지르며 부처님을 해치려 했다. 그러자 부인들이 말리며 소리쳤다.

"안돼요. 이 분은 신이에요. 해치면 안돼요."

남자들은 곧 잘못을 뉘우치고 부처님께 인사했다. 부처님은 그들을 위해 다시금 자비를 베푸는 일의 복됨과 생명을 죽이는 짓의 죄에 대하여 말씀하셨다.

그러자 남자들은 마음이 열려 무릎을 꿇고 부처님께 여쭈었다.

"저희들은 깊은 산속에 살기 때문에 사냥을 하며 살 수밖에 없습니다.

그래서 이제껏 모르고 죄를 지어 왔습니다. 어떻게 해야 이 죄를 면할 수 있겠습니까?"

부처님은 시로 대답하셨다.

"사랑을 실천하라.
넓은 사랑으로
모든 생명을 구해 주어라.
그러면 열한 가지
좋은 일이 생기리라.
항상 행복이 따르며
누워도 편안하고, 깨어도 편안하며
나쁜 꿈을 꾸지 않게 되고,
하늘의 보호를 받으며
사람들의 사랑을 받으며,
독에 중독되지 않고
전쟁의 피해도 입지 않으며
수재를 입지 않고
화재를 입지 않으며
현세에 이익을 얻게 되며
죽은 뒤에는
하늘나라에 가게 된다."

이 시를 읊으시자 남녀 노소 없이 122명의 마을 사람들이 모두 기뻐하며 오계*를 받아 지키게 되었다. 그리고 부처님은 빔비사라왕에게 말씀하시어 그들에게 농토를 마련해 주고 당장 먹고 살 곡식을 주게 하셨다. 이러한 자비의 교화가 널리 미치자 온 나라가 평안하게 되었다.

(법구비유경에서)

*오계(五戒) : 불자가 지켜야 할 5가지 계율.
① 생명을 죽이지 말라. ② 남의 것을 훔치지 말라. ③ 음란한 짓을 하지 말라. ④ 거짓말을 하지 말라. ⑤ 술을 마시지 말라.

夫	士	之	生		斧	在	口	中	
무릇 부	선비 사	갈 지	날 생		도끼 부	있을 재	입 구	가운데 중	
夫	士	之	生		斧	在	口	中	
夫	士	之	生		斧	在	口	中	
夫	士	之	生		斧	在	口	中	

8. 말　　　　　　　　夫士之生　斧在口中

사람이 태어나면
입 안에 도끼가 있네.

所	以	斬	身		由	其	惡	言	
바 소	써 이	벨 참	몸 신		말미암을유	그 기	악할 악	말씀 언	
所	以	斬	身		由	其	惡	言	
所	以	斬	身		由	其	惡	言	
所	以	斬	身		由	其	惡	言	

所以斬身　由其惡言

그것으로 제 몸을 베나니
그것은 나쁜 말 때문일세.

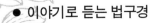

남을 속인 과보

불가사왕이 스님이 된 뒤 성 안에 들어갔다가 소한테 떠받쳐 죽었다. 소 주인은 겁을 먹고 그 소를 팔아 버렸는데 그 소를 산 사람은 그 소를 끌고 물을 먹이러 가다가 그만 뒤에서 떠받쳐 죽었다.

그러자 그 사람의 아들은 화가 나서 소를 죽여 고기를 내다 팔았다. 어떤 사람이 그 소머리를 사서 메고 돌아가다가 나무 밑에 앉아 쉬느라고 소머리를 나뭇가지에 걸어두었는데 갑자기 소머리가 떨어져 뿔에 찔려 죽고 말았다.

그 소식을 들은 부처님은 그들의 전생 이야기를 들려 주었다.

"옛날에 세 상인이 장사를 나갔다가 혼자 사는 가난한 노파의 집에 묵었는데 값을 치르지 않고 몰래 떠나버렸소. 노파가 뒤를 쫓아가 숙박비를 요구하니 그들은 '이미 치렀는데 왜 또 달라고 하느냐?' 며 도리어 호통쳤소. 노파는 기가 막혀 '다음 생에라도 너희들을 만나면 기어이 죽이고 말겠다.' 고 저주를 했소. 그때 그 노파가 바로 오늘날의 소이고, 노파를 속인 세 상인이 오늘 죽은 세 사람이오."

연습문제

1. 다음 한자어의 음을 써 보세요.

① 晝夜(　　　)　　　② 弟子(　　　)　　　③ 念佛(　　　)

④ 佛法(　　　)　　　⑤ 博愛(　　　)　　　⑥ 慈悲(　　　)

2. 다음 뜻에 해당하는 한자어를 써 보세요.

① 스스로 깨닫는 일 ……………………………………… (　　　　　)

② 불교에서 모든 생명들을 가리키는 말 …………… (　　　　　)

3. 법구경의 게송(시)을 한자음으로 읽고 풀이해 보세요.

① 履仁行慈　博愛濟衆

　음 : _____

　풀이 : _____

　　　　 _____

② 象馬以祠天　不如行一慈

　음 : _____

　풀이 : _____

　　　　 _____

정답
1. ① 주야 ② 제자 ③ 염불 ④ 불법 ⑤ 박애 ⑥ 자비
2. ① 自覺 ② 衆生
3. ① 34쪽 참조 ② 37쪽 참조

心	爲	法	本		心	尊	心	使	
마음심	할위	법법	밑본		마음심	높을존	마음심	하여금사	
心	爲	法	本		心	尊	心	使	
心	爲	法	本		心	尊	心	使	
心	爲	法	本		心	尊	心	使	

9. 참과 거짓   心爲法本　心尊心使

마음은 모든 것의 근본
마음은 주인이 되어 모든 일을 시키네.

中	心	念	善		卽	言	卽	行	
가운데 중	마음 심	생각 념	착할 선		곧 즉	말씀 언	곧 즉	행할 행	
中	心	念	善		卽	言	卽	行	
中	心	念	善		卽	言	卽	行	
中	心	念	善		卽	言	卽	行	

中心念善　卽言卽行

마음 속에 좋은 생각 품고
그대로 말하고 그대로 행동하면

45

福	樂	自	追		如	影	隨	形	
복복	즐거울 락	스스로 자	따를 추		같을 여	그림자 영	따를 수	형상 형	
福	樂	自	追		如	影	隨	形	
福	樂	自	追		如	影	隨	形	
福	樂	自	追		如	影	隨	形	

福樂自追　如影隨形

행복과 즐거움이 저절로 따르네.
그림자가 몸을 따르듯.

知	眞	爲	眞		見	僞	知	僞	
알지	참진	할위	참진		볼견	거짓위	알지	거짓위	
知	眞	爲	眞		見	僞	知	僞	
知	眞	爲	眞		見	僞	知	僞	
知	眞	爲	眞		見	僞	知	僞	

知眞爲眞　見僞知僞

진실을 진실인 줄 알고
거짓을 보고 거짓인 줄 알면

47

是	爲	正	計		必	得	眞	利	
이 시	할 위	바를 정	헤아릴 계		반드시 필	얻을 득	참 진	이로울 리	
是	爲	正	計		必	得	眞	利	
是	爲	正	計		必	得	眞	利	
是	爲	正	計		必	得	眞	利	

是爲正計　必得眞利

이것은 올바른 소견이니
반드시 참다운 이익 얻으리.

48

蓋	屋	不	密		天	雨	則	漏	
덮을 개	집 옥	아니 불	빽빽할 밀		하늘 천	비 우	곧 즉	샐 루	
蓋	屋	不	密		天	雨	則	漏	
蓋	屋	不	密		天	雨	則	漏	
蓋	屋	不	密		天	雨	則	漏	

蓋屋不密　天雨則漏

지붕이 촘촘하지 못하면
하늘에서 내린 비가 새듯이

意	不	惟	行		淫	泆	爲	穿	
뜻 의	아니 불	생각할 유	행할 행		음란할 음	넘칠 일	할 위	뚫을 천	
意	不	惟	行		淫	泆	爲	穿	
意	不	惟	行		淫	泆	爲	穿	
意	不	惟	行		淫	泆	爲	穿	

意不惟行　淫泆爲穿

마음을 닦지 않으면
탐욕이 스며들게 되네.

賢	夫	染	人		如	近	香	薰	
어질 현	지아비 부	물들일 염	사람 인		같을 여	가까울 근	향기 향	냄새 훈	
賢	夫	染	人		如	近	香	薰	
賢	夫	染	人		如	近	香	薰	
賢	夫	染	人		如	近	香	薰	

賢夫染人　　如近香薰

어진 사람에게 물드는 것은
향내를 가까이하는 것과 같네.

進	智	習	善		行	成	潔	芳	
나아갈 진	지혜 지	익힐 습	착할 선		행할 행	이룰 성	깨끗할 결	꽃다울 방	
進	智	習	善		行	成	潔	芳	
進	智	習	善		行	成	潔	芳	
進	智	習	善		行	成	潔	芳	

進智習善　行成潔芳

점점 지혜로워지고 선행을 익혀
행동이 깨끗하고 아름답게 되네.

부처님을 비웃은 상인

사밧티의 파세나디왕이 부처님을 위해 손수 음식을 준비한 뒤 부처님과 스님들께 공양을 올렸다. 그 광경을 보던 상인 둘이 이야기를 나누는데 한 상인은 "부처님은 꼭 황제 같다. 저런 분을 받들 줄 아는 파세나디왕은 참 현명하다."고 찬탄했다.

그러나 다른 상인은 "왕은 참 어리석기도 하지. 자기가 왕인데 무엇하러 부처를 받든단 말인가. 부처는 소 같다. 소가 수레를 끌고 사방으로 다니듯이 제자들을 이끌고 다닌다."고 비웃었다.

두 상인은 다시 길을 가다가 어느 주막집에서 술을 마셨다. 그런데 부처님을 비웃던 상인은 그날 밤 술에 만취해 길바닥에 누워 있다가 지나가던 수레에 깔려 죽고 말았다. 이튿날 다른 상인은 그가 죽어 있는 것을 발견하고 누명을 쓸까 겁이 나서 다른 나라로 도망갔다.

그 나라에는 왕이 죽은 뒤 그 뒤를 이을 사람이 없었는데, 전왕이 타던 말이 그 상인을 보고 무릎을 꿇고 발을 핥는 것을 보고 백성들은 그를 왕으로 추대했다.

'나는 아무런 좋은 일도 한 것이 없는데 어떻게 이런 일이 있을 수 있을까?'

졸지에 왕이 된 상인은 이런 의문을 품었다. 그러다가 전에 사밧티의 거리에서 먼 발치에서 뵈었던 부처님을 뵙고 싶어 초청했다. 그리고는 자기가 품고 있는 의문을 여쭈었다. 그러자 부처님은 말씀하셨다.

"왕은 지난날 사밧티의 왕이 나를 공양할 때 마음속으로 좋은 생각을 하고 그대로 말한 인연으로 이런 열매를 거두게 된 것이오."

그러시면서 이 시를 들려 주었다. (44~46쪽 참조)

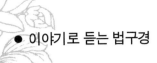

진실과 거짓

부처님은 어느 날 기자쿠타산 기슭에서 농사짓고 목축을 하며 살아가는 사람들의 마을을 찾아가셨다. 마을 사람들은 부처님의 환한 모습을 보고 모두 모여들었다. 부처님은 그들과 이야기를 나누셨다.

"당신들은 무엇을 섬기고 있습니까?"

"저희들은 해와 달과 물과 불을 섬기며 제사를 지내고 있습니다."

"왜 섬기고 제사를 지냅니까?"

"천국에 가기 위해서입니다."

그러자 부처님은 말씀하셨다.

"그것은 참다운 영생의 길이 아닙니다. 천국에 태어나도 깨달음의 지혜가 없으면 또다시 죽고 나는 윤회를 거듭하게 됩니다.

그리고는 이 시와 짝을 이루는 다음과 같은 시를 읊으셨다.

"진실을 거짓으로 여기고
거짓을 진실로 여기면
이것은 그릇된 소견이니
참다운 이익을 얻지 못하리." (47~48쪽 참조)

비가 새는 집

부처님은 기자쿠타산 기슭 마을에서 교화하여 새로 스님이 된 제자 70명과 함께 절에 들어오시다가 비를 만났다.

그때 그 제자들 중에는 울적해 하며 두고 온 속세를 그리워하는 이들도 있었다.

부처님과 제자들은 길가의 빈 집에 들어가 비를 피했는데 그 집은 지붕이 낡고 구멍이 뚫려 비가 샜다.

부처님은 그것을 보시고 이 시를 읊으셨다.

부처님은 이 시에 이어 다음과 같은 시를 읊으셨다.

"지붕이 촘촘하면
비가 와도 새지 않듯이
마음을 거두어 잘 닦으면
탐욕이 생기지 않네." (49~50쪽 참조)

향을 쌌던 종이

부처님이 제자들과 함께 길을 가시다가 땅에 헌 종이가 떨어져 있는 것을 보시고 제자들에게 그것을 집어 보라고 하셨다.

"그 종이는 무엇에 쓰였던 종이이겠느냐?"

"향내가 나는 것으로 보아 향을 쌌던 종이 같습니다."

조금 더 걸어가는데 새끼 토막이 땅에 떨어져 있었습니다. 부처님은 또 제자들에게 그것을 집어 보라고 하셨습니다.

"그것은 무엇에 쓰였던 새끼줄이겠느냐?"

"비린내가 나는 것으로 보아 생선을 꿰었던 새끼줄 같습니다."

제자들이 대답하자 부처님은 다음과 같은 시와 앞의 시를 읊으셨다.

나쁜 사람에게 물드는 것은
냄새 나는 물건을 가까이함과 같네.
점점 물들어 잘못을 익히면
자기도 모르게 악인이 되네.

(51~52쪽 참조)

人	前	爲	惡		後	止	不	犯	
사람 인	앞 전	할 위	악할 악		뒤 후	그칠 지	아니 불	범할 범	
人	前	爲	惡		後	止	不	犯	
人	前	爲	惡		後	止	不	犯	
人	前	爲	惡		後	止	不	犯	

10. 방종(放縱)　　　　人前爲惡　後止不犯

사람이 전에 나쁜 짓을 했더라도
뒤에 그만두고 다시 저지르지 않으면

是	照	世	間		如	月	雲	消	
이 시	비출 조	세상 세	사이 간		같을 여	달 월	구름 운	사라질 소	
是	照	世	間		如	月	雲	消	
是	照	世	間		如	月	雲	消	
是	照	世	間		如	月	雲	消	

是照世間　如月雲消

이 사람은 세상을 비추게 되리라.
구름이 걷히고 나오는 달처럼.

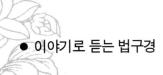

수도승과 보물

옛날 어떤 수도승이 산길을 가다가 보물을 발견했다. 가난하게 살아왔던 그는 문득 욕심이 생겼다.

'이 산속에서 칠 년 동안이나 수도를 했지만 아직도 도를 깨닫지 못했다. 차라리 이 보물을 가지고 산을 내려가 떵떵거리며 살아볼까.'

그때 부처님은 그를 깨우쳐 주려고 비구니 스님으로 변신하여 그를 찾아갔다.

그런데 스님답지 않게 눈썹을 그리고 화장을 한 얼굴로 금은 패물까지 걸쳤다.

비구니 스님이 인사를 하자 수도승은 화장한 그 모습을 보고 꾸짖었다.

"도를 닦는 스님으로서 재물에 눈이 멀어 수도를 포기한 것은 어떻고요?"

수도승이 깜짝 놀라 뉘우치자 비구니 스님은 부처님의 모습으로 되돌아와 이 시를 읊으셨다.

藏	六	如	龜		防	意	如	城	
감출 장	여섯 육	같을 여	거북 구		막을 방	뜻 의	같을 여	성 성	
藏	六	如	龜		防	意	如	城	
藏	六	如	龜		防	意	如	城	
藏	六	如	龜		防	意	如	城	

11. 마음   藏六如龜　防意如城

거북이가 머리와 꼬리, 사지를 감추듯
마음을 성처럼 지켜라.

59

慧	與	魔	戰		勝	則	無	患	
지혜 혜	더불 여	마귀 마	싸울 전		이길 승	곧 즉	없을 무	근심 환	
慧	與	魔	戰		勝	則	無	患	
慧	與	魔	戰		勝	則	無	患	
慧	與	魔	戰		勝	則	無	患	

慧與魔戰　勝則無患

지혜로써 (탐욕의) 악마와 싸워
이기면 근심이 없으리라.

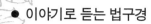

거북과 도인

어떤 도인이 강가의 나무 밑에서 12년 동안이나 도를 닦았는데 여전히 탐욕을 버리지 못하고 있었다. 눈으로는 좋은 빛깔을 탐내고, 귀로는 좋은 소리를, 코로는 좋은 냄새를, 입으로는 좋은 맛을, 몸으로는 좋은 감촉을, 뜻으로는 좋은 것을 탐냈다.

부처님이 그를 깨우치려고 스님으로 변신하여 찾아가셨다. 나무 밑에서 함께 하룻밤을 지내는데, 달이 뜨자 거북이 한 마리가 강에서 기어나왔다.

그런데 굶주린 물개가 따라 나오더니 거북을 잡아먹으려고 했다. 거북은 재빨리 머리와 꼬리와 네 다리를 오므려 등껍질 안에 감추었다. 물개는 아무리 해도 어쩔 수 없자 돌아가 버렸다.

"거북의 갑옷 때문에 물개도 어쩔 수 없군요."

도인이 뇌까리자 부처님은 말씀하셨다.

"어떤 사람들은 저 거북이만도 못하지요. 눈과 귀와 코, 혀, 몸, 뜻이 원하는 대로 탐욕에만 빠져 있으니……."

도인은 이 말씀과 시를 듣고 깨달음을 얻었다.

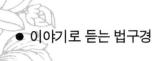

산적의 소굴에 들어가신 부처님

라자그리하 남쪽에 큰 산이 있는데 성에서 이백 리 떨어져 있었다. 남부지방 여러 나라로 가는 길이 다 이 산을 거치게 되어 있었는데 산길이 몹시 험했다.

이 산에는 오백 명의 산적들이 몸을 숨기고서 노략질을 하고 있었다. 사람을 마구 해치는 일이 한두 번이 아니어서, 상인들이 큰 피해를 보곤 했고, 임금의 사신이 가는 길마저 막혀 버렸다.

라자그리하의 임금은 몇 차례나 산적을 쳤지만 평정하지 못하고 있었다. 때마침 그 나라에 계시던 부처님은 백성들의 고통을 가슴 아파 하시며 이렇게 생각했다.

'저들 산적들은 무엇이 죄인 줄 모르고 있다. 세상에 여래가 있으나 눈으로 보지 못하고 있다. 진리의 북이 날마다 울리고 있건만 귀로 듣지 못하고 있다. 내가 가서 그들을 건지지 않으면 연못에 빠진 돌처럼 되고 말리라.'

부처님은 좋은 옷으로 변장하신 뒤, 칼을 차고 활을 든 채 말을 타셨다. 안장과 고삐에 금은 장식을 하고 구슬 꿰미로 말을 장식하였다. 부처님은 말을 타고 활시울을 울리며 그 산으로 들어가셨다.

이것을 본 산적들은 속으로 쾌재를 불렀다. 산적이 된 지 오래지만 이렇게 수월한 사냥감은 없었기 때문이다. 계란으로 바위 치기 같은 행동을 하는 이 무모한 사나이(변장하신 부처님)를 보고 산적들은 일제히 뛰어나와 에워싼 채 활을 겨누고 칼을 뽑았다.

그러자 그 사나이는 재빨리 활을 한 발 쏘았다. 그러자 신기하게도 오백 명의 산적들이 각기 화살 하나씩을 맞았다. 또 칼을 한 번 휘두르자 모두 상처를 입고 쓰러졌다. 오백 명의 산적들은 땅에 나동그라져 데굴데굴 구르며 머리를 조아리고 투항했다.

"무슨 신통력이 이렇습니까? 목숨만 살려주십시오. 제발 이 화살을 뽑아 주십시오. 정말 참을 수 없이 고통스럽습니다."

그러자 그 사나이로 변장한 부처님은 이렇게 말씀하셨다.

"그 상처의 고통은 별로 심한 게 아

니오. 세상의 상처 중에 탐욕의 근심보다 더 아픈 상처는 없고, 세상의 폭력 중에 어리석음보다 더한 폭력은 없을 것이오. 여러분은 탐욕의 근심을 안고서 사람의 목숨을 살상하는 어리석은 짓을 저질러 왔소. 칼이나 화살로 입은 상처는 나을 수 있겠지만 그 두 가지는 뿌리 깊이 박힌 것이라서 아무리 힘센 장사라도 뽑을 수 없소. 오직 부처님의 가르침과 계율을 많이 듣고 실천하여 지혜를 얻음으로써만 그 마음의 병을 치료할 수 있소. 곧 탐욕의 근심과 아집의 어리석음을 뿌리 뽑고, 억세고 왕성한 탐욕을 제압할 수 있소. 덕을 쌓고 지혜를 배워야만 진정한 행복을 얻을 수가 있는 것이오.”

부처님은 이윽고 본래의 모습으로 돌아가시더니 시를 읊으셨다.

“칼날에 상한 아픔도
근심만은 못하고
화살에 입은 상처도
어리석음만 못하네.

근심과 어리석음은
장사도 어쩔 수 없고
진리를 배움으로써만 없앨 수 있네.
장님이 눈을 뜬 것 같고
어둠 속에서 등불을 얻은 것 같이
진리는 세상 사람들을 인도하리라.
마치 눈 밝은 사람이
장님을 인도하듯이.
그러므로 어리석음을 버리고
교만함과 향락에서 벗어나라.
배움에 힘쓰는 사람이
덕을 쌓는 사람이라네.”

부처님의 이 시를 듣고 오백 명의 산적들은 머리 숙여 잘못을 뉘우쳤다. 그러자 칼과 화살에 다친 상처가 저절로 나았다. 그들은 기쁨으로 마음이 열려 곧 오계를 받았다. 이로부터 나라 안은 다시 평안하게 되었다.

(법구비유경에서)

如	可	意	華		色	好	無	香	
같을 여	옳을 가	뜻 의	꽃 화		빛 색	좋을 호	없을 무	향기 향	
如	可	意	華		色	好	無	香	
如	可	意	華		色	好	無	香	
如	可	意	華		色	好	無	香	

12. 꽃향기   如可意華   色好無香

아름다운 꽃 중에
빛은 고와도 향기 없는 꽃처럼

工	語	如	是		不	行	無	得	
장인공	말씀어	같을여	이시		아니불	행할행	없을무	얻을득	
工	語	如	是		不	行	無	得	
工	語	如	是		不	行	無	得	
工	語	如	是		不	行	無	得	

工語如是　不行無得

아무리 좋은 말도
실천하지 않으면 얻는 게 없네.

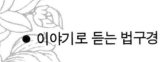

자유를 갈망하는 여성들

어느 날 사밧티성에 사는 500명의 여성들이 모여서 의논을 했다.

"우리는 여자의 몸으로 태어나 어려서부터 늙어 죽을 때까지 온갖 일에 얽매여 자유롭지 못하다. 그러니 섬에 있는 누대에 가서 하느님께 우리 소원을 빌어 보자."

그들은 곧 재물을 준비해 가지고 가서 꽃을 꺾어 바치며 하느님께 소원을 빌었다.

"하늘나라에 태어나 영생하게 해 주소서. 자유를 얻게 해 주소서. 근심 걱정이 없게 해 주소서."

부처님은 허공을 날아 그 누대로 가셨다.

"하느님이 내려오셨다. 드디어 우리 소원을 풀게 되었다."

여성들이 기뻐하며 소원을 빌었다.

"저희들은 여자로 태어나 자유가 없습니다. 하늘나라에 태어나게 해 주십시오."

"나는 하느님이 아니라 진리를 깨우쳐 주러 온 부처요. 여러분이 좋은 꽃을 가려서 꺾듯 덧없는 것들을 버리고 진리를 택하여 배운다면 참다운 자유의 꽃을 얻게 될 것이오."

여성들은 이 말씀을 듣고 진리를 깨쳤다.

不	寐	夜	長		疲	惓	道	長	
아니 **불**	잠잘 **매**	밤 **야**	길 **장**		지칠 **피**	싫증날 **권**	길 **도**	길 **장**	
不	寐	夜	長		疲	惓	道	長	
不	寐	夜	長		疲	惓	道	長	
不	寐	夜	長		疲	惓	道	長	

13. 어둠

不寐夜長　疲惓道長

잠 못 이루는 사람에게 밤은 길고,
지친 나그네에게 길은 멀어라.

愚	生	死	長		莫	知	正	法	
어리석을 우	날 생	죽을 사	길 장		없을 막	알 지	바를 정	법 법	
愚	生	死	長		莫	知	正	法	
愚	生	死	長		莫	知	正	法	
愚	生	死	長		莫	知	正	法	

愚生死長　莫知正法

바른 진리를 모르는 어리석은 이에게
생사(生死)의 밤길은 길고 멀어라.

집 짓느라 바쁜 노인

사밧티 성안에 여든 살 먹은 갑부가 살고 있었다. 그는 엄청난 재산을 갖고 있으면서도 몹시 인색하고 탐욕스러웠다.

그가 으리으리하게 집을 짓고 있던 어느 날, 부처님은 그가 그날을 넘기지 못하고 죽을 것을 내다보시고 가엾이 여겨 공사 현장으로 찾아가셨다.

한창 집 짓는 일을 감독하느라 바쁜 노인에게 부처님은 말씀하셨다.

"얼마나 고생하십니까? 이 집을 지어 누가 살려고 하십니까?"

노인은 자랑스럽게 대답하였다.

"사랑채에선 손님을 대접하고 뒷채는 내가 살고, 동서로 지은 집에는 자식들이 살 겁니다. 시원한 다락은 여름에 쉴 곳이지요."

"생사(生死)에 관계되는 중요한 이야기가 있는데 잠시 쉬면서 이야기 좀 나눌까요?"

"바빠서 이야기 나눌 시간이 없소."

부처님은 그를 깨우치기 위해 짧은 시를 들려 주셨지만 '쇠 귀에 경 읽기'였다. 얼마 후 그는 서까래를 올리다가 잘못하여 떨어지는 서까래에 머리를 다쳐 죽고 말았다.

헛된 짓

부처님이 사밧티에서 사람들을 가르치고 계실 때의 일이다.

라자그리하에 어떤 사람이 있었는데 사람됨이 흉악하고 어리석어 부모에 불효하고 선량한 사람을 업신여기며 어른들을 공경하지 않았다. 집안일이 항상 잘 되지 않아 불을 섬기며 복을 빌었다. 해가 지려 하면 큰 불을 피우고 그 앞에 무릎 꿇고 예배하는데 밤중이 되어 그 불이 꺼진 뒤에야 예배를 마쳤다. 이렇게 3년 동안을 해 봤지만 아무 소용이 없었다.

그래서 이번에는 해와 달을 섬겼다. 낮에는 해를, 밤에는 달을 바라보며 예배하는데 해와 달이 져야 그만두었다. 이렇게 3년 동안을 했지만 역시 소용없는 짓이었다. 그래서 이번에는 하늘의 신을 섬기며 예배했다. 3년 동안 맛있는 음식과 향, 꽃, 술, 고기, 돼지, 양, 소 따위를 신에게 바쳤다. 하지만 그 때문에 오히려 살림만 어려워져 가난해지기만 할 뿐 아무런 복도 받을 수 없었다. 고생만 하고 몸이 야위어 병만 생겼다.

그러다가 사밧티에 신들보다 더 존귀한 부처님이 계신다는 말을 듣고, 거기라도 찾아가 복을 빌어 봐야겠다고 생각하고 곧 부처님을 찾아갔다. 절 문에 들어서 부처님을 쳐다보니 그 훤하고 뛰어난 얼굴이 뭇 별들에 둘러싸인 달 같았다.

그는 기쁨으로 머리 조아려 절하고 두 손을 모으며 부처님께 여쭈었다.

"저는 이제까지 어리석어 부처님을 모르고, 불과 해와 달, 하늘의 신을 섬기기를 9년 동안이나 정성껏 했습니다. 하지만 아무 복도 받지 못하고 건강만 나빠졌습니다. 육신은 병에 시달려 언제 죽을지 모르게 되었습니다. 이제 사람들은 구원하시는 스승이신 부처님께 엎드려 비오니 복을 내려 주시옵소서."

"당신이 섬겨 온 것은 모두 허깨비요. 기도와 제사를 올린 것이 산더미 같은 만큼 그 죄도 바다와 같소. 생명을 잡아 죽여 복을 빌었으니 오히려 복으로부터 멀어졌을 뿐이오. 기나긴 세월 갖은 고생을 하며 공경을 다하고 엄

청난 돼지와 양을 바치며 신에게 제사를 지냈지만 죄만 산더미같이 지었을 뿐 복은 겨자씨만큼도 짓지 못했소. 더욱이 당신은 부모에 불효하고 선량한 사람을 업신여기며 어른을 공경하지 않았소. 혼자 교만하며 탐욕과 증오심과 무지만 가득하니 날로 죄만 쌓이지 어떻게 복을 받겠소?

하지만 만일 마음을 고쳐먹고 어진 이를 존경하고 예의를 다해 어른을 받들며, 악을 버리고 선을 믿으며 자신을 수련하고 자비를 실천하면 네 가지 복이 날로 더해 세세생생 우환이 없을 것이오. 무엇이 네 가지 복인가 하면 첫째, 아름다운 용모, 둘째, 왕성한 기력, 셋째, 병 없이 건강한 것, 넷째, 횡사하지 않고 장수하는 것 등이오. 그러니 게으름 피우지 말고 그 일들을 실천하시오. 그러면 깨달음도 얻을 수 있을 것이오."

부처님은 곧 이어 시를 읊으셨다.

"신을 받들며 복을 비는 것
나중에 그 결과를 한번 보아라.

그런 쓸데없는 짓을 하느니
차라리 어진 이를 존경하라.
선한 일을 하며
예의를 다해 어른을 공경하라.
그러면 네 가지 복이
저절로 오리라.
용모와 기력, 장수와 건강."

신을 믿던 사람은 부처님께 이 시를 듣고 기뻐하면서 머리 숙여 절하며 이렇게 여쭈었다.

"저는 헛된 짓에 빠져 9년 동안이나 죄를 지었습니다. 하지만 오늘 다행히 부처님 자비로 깨우치게 되었습니다. 부처님, 제가 제자가 되도록 허락해 주십시오."

"잘 왔소."

이렇게 하여 그는 스님이 되어 아라한(성자)의 깨달음을 얻게 되었다.

(법구비유경에서)

71

弓	工	調	角		水	人	調	船	
활궁	장인공	고를조	뿔각		물수	사람인	고를조	배선	
弓	工	調	角		水	人	調	船	
弓	工	調	角		水	人	調	船	
弓	工	調	角		水	人	調	船	

14. 밝은 사람　　　　弓工調角　水人調船

활 만드는 장인이 활을 다루듯
뱃사람이 배를 다루듯

材	匠	調	木		智	者	調	身	
재목 재	장인 장	고를 조	나무 목		지혜 지	놈 자	고를 조	몸 신	
材	匠	調	木		智	者	調	身	
材	匠	調	木		智	者	調	身	
材	匠	調	木		智	者	調	身	

材匠調木　智者調身

목수가 나무를 다루듯
지혜로운 사람은 자신을 잘 다루네.

譬	如	厚	石		風	不	能	移	
비유할 비	같을 여	두터울 후	돌 석		바람 풍	아니 불	능할 능	옮길 이	
譬	如	厚	石		風	不	能	移	
譬	如	厚	石		風	不	能	移	
譬	如	厚	石		風	不	能	移	

譬如厚石　風不能移

큰 바위는 무거워
아무리 센 바람도 움직일 수 없듯

智	者	意	重		毀	譽	不	傾	
지혜지	놈자	뜻의	무거울중		헐훼	기릴예	아니불	기울경	
智	者	意	重		毀	譽	不	傾	
智	者	意	重		毀	譽	不	傾	
智	者	意	重		毀	譽	不	傾	

智者意重　毀譽不傾

지혜로운 이는 뜻이 무거워
비방과 칭찬에도 흔들리지 않네.

譬	如	深	淵		澄	靜	淸	明	
비유할 비	같을 여	깊을 심	못 연		맑을 징	고요할 정	맑을 청	밝을 명	
譬	如	深	淵		澄	靜	淸	明	
譬	如	深	淵		澄	靜	淸	明	
譬	如	深	淵		澄	靜	淸	明	

譬如深淵　澄靜淸明

깊은 연못이
맑고 고요하고 밝은 것처럼

慧	人	聞	道		心	淨	歡	然	
지혜 혜	사람 인	들을 문	길 도		마음 심	맑을 정	기뻐할 환	그러할 연	
慧	人	聞	道		心	淨	歡	然	
慧	人	聞	道		心	淨	歡	然	
慧	人	聞	道		心	淨	歡	然	

慧人聞道　心淨歡然

지혜로운 사람이 진리를 들으면
마음이 맑아지고 즐거워지네.

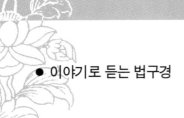

교만한 천재 기술자

옛날 어떤 젊은 기술자가 있었다. 그는 나이 스물에 타고난 솜씨를 가지고 있어 어떤 일이든 눈을 스치기만 해도 모두 다 할 수 있었다. 그래서 자신이 만만했다.

'온 세상 기술을 다 익히고 말겠어. 한 가지 기술이라도 놓친다면 천재라고 할 수 없지.'

그는 이러한 각오로 온 세상을 돌아다니며 온갖 기술을 배우고 익혔다. 그러던 어느 날 그는 시장에서 어떤 사람이 활을 만드는 것을 보았다.

활 만드는 장인은 능숙한 솜씨로 활줄로 삼을 소 힘줄을 쪼개고 소뿔을 다듬고 있었다. 사람들은 다투어 그가 만든 활을 샀다.

'대단한 기술이로군. 아직 저 기술은 배우지 못했는데 저 사람에게 배워야겠다.'

천재 기술자는 곧 그의 제자가 되어 한 달 동안에 활 만드는 기술을 모두 익혔다. 그래서 스승을 능가하게 되자 다시 다른 기술을 배우러 길을 떠났다.

강을 건너다 그는 어떤 뱃사공이 멋진 솜씨로 배를 다루는 것을 보았다.

그래서 이번에는 그 뱃사공의 제자가 되어 한 달 동안 배 다루는 기술을 배웠다. 마침내 기술이 스승을 능가하게 되자 다시 길을 떠났다.

다른 나라로 들어간 그는 뛰어나게 잘 지어진 궁전을 보고 그 궁전을 지은 목수를 찾아가 제자가 되었다. 한 달 만에 그는 나무 다루는 일을 모두 익혀 스승을 능가하였다.

이렇데 가는 곳마다 최고의 기술을 익힌 그는 점점 자만에 빠지게 되었다.

'세상에 나를 당할 자가 누구냐?'

부처님은 교만한 천재 기술자를 깨우치기 위해 찾아가셨다. 보통 사람들과 다른 부처님을 보고 기술자는 물었다.

"당신은 무슨 일을 하는 사람이오?"

"나는 몸을 다루는 사람이오?"

"몸을 다루다니 그게 어떤 기술이오?"

기술자가 되묻자 부처님은 앞의 시를 읊으셨다.

호기심 많은 기술자는 부처님께 몸을 다루는 기술 즉 몸과 마음을 맑게 하는 깨달음의 길을 배우게 되었다.

그리하여 마침내 진리를 깨달은 훌륭한 스님이 되었다. (72~75쪽 참조)

자유를 얻은 노예

바닷가 어떤 집에 두 형제가 살고 있었다. 부모가 세상을 떠나자 두 형제는 부모의 유산을 나누게 되었다. 형은 집과 재산을 갖고, 동생은 '분나'라는 종을 갖기로 했다. 분나는 어리지만 영리하고 장사도 잘하고 바다에서 진주도 잘 캐고 살림살이에 모르는 게 없었다.

하지만 동생은 당장에 빈 손으로 집을 떠난 데다 흉년이라 먹고 살 길이 아득하여 걱정이 태산이었다.

그때 분나가 말했다.

"걱정하지 마십시오. 제가 장사를 해서 한 달 안에 형님네보다 더 잘살게 해드리겠습니다."

"그렇게만 된다면 너를 종살이에서 풀어주마."

주인은 분나에게 약속했다. 그리고는 자기 부인이 지니고 있던 보석을 주며 장사 밑천으로 삼으라고 했다.

어느 날 분나는 성 밖으로 나갔다가 어떤 거지를 만났다.

그 거지는 바닷가에서 떠내려 온 나무를 모아 땔감으로 팔고자 짊어지고 오고 있었다. 분나는 그 나뭇단 속에 천금보다 귀한 전단 향나무가 섞여 있는 것을 보고 금돈 두 닢을 주고 나뭇단을 샀다. 그리고는 집으로 돌아와 전단향나무를 수십 조각으로 쪼갰다.

때마침 어떤 부자가 큰 병이 들었는데 전단 향 두 냥을 넣은 약이 필요하여 이 희귀한 전단 향을 백방으로 구하고 있었다.

이런 부자들에게 전단 향을 팔아 벌어들인 재산은 어느덧 주인네 형의 열 배가 되었다.

자유를 얻은 분나는 주인을 하직하고 부처님을 찾아갔다. 참다운 자유를 얻고자 진리를 배우기 위해서였다.

"잘 왔다, 분나."

부처님은 분나를 반갑게 맞아 주셨다. 분나는 스님이 되어 부처님께 진리를 열심히 배워 깨달음을 얻었다. 그 후 분나는 고국으로 돌아가 옛 주인과 사람들을 깨우쳤다.

분나에게 감동한 옛 주인과 그 나라 사람들은 부처님을 초청하여 공양을 올리고 설법을 들은 뒤 제자가 되었다.

(76~77쪽 참조)

연습문제

1. 다음 한자어의 음을 써 보세요.
   ① 尊嚴(　　) 　　② 善行(　　) 　　③ 福樂(　　)
   ④ 眞僞(　　) 　　⑤ 深淵(　　) 　　⑥ 譬喩(　　)

2. 다음 뜻에 해당하는 한자어를 써 보세요.
   ① 불교에서 '깨달음의 길을 닦고 실천하는 것' 을 뜻하는 말
   ……………………………………………… (　　)
   ② 불교에서 '깨달음을 성취하는 것' 을 뜻하는 말
   ……………………………………………… (　　)

3. 법구경의 게송(시)을 한자음으로 읽고 풀이해 보세요.
   ① 蓋屋不密　天雨則漏

   음 : _____

   풀이 : _____

   _____

   ② 賢夫染人　如近香薰

   음 : _____

   풀이 : _____

   _____

정답
1. ① 존엄 ② 선행 ③ 복락 ④ 진위 ⑤ 심연 ⑥ 비유
2. ① 修行 ② 成道 또는 成佛
3. ① 49쪽 참조 ② 51쪽 참조

心	空	無	想		渡	衆	行	地	
마음 심	빌 공	없을 무	생각 상		건널 도	무리 중	갈 행	땅 지	
心	空	無	想		渡	衆	行	地	
心	空	無	想		渡	衆	行	地	
心	空	無	想		渡	衆	行	地	

15. 참사랑　　　　　　心空無想　　渡衆行地

마음을 비우고 헛된 생각 없이
흔히들 가는 길에서 벗어나서 가네.

如	空	中	鳥		遠	逝	無	碍	
같을 여	빌 공	가운데중	새 조		멀 원	갈 서	없을 무	걸릴 애	
如	空	中	鳥		遠	逝	無	碍	
如	空	中	鳥		遠	逝	無	碍	
如	空	中	鳥		遠	逝	無	碍	

如空中鳥　遠逝無碍

공중의 새가
거침없이 저 멀리 날아가듯이.

雖	多	誦	經		不	解	何	益	
비록 수	많을 다	외울 송	경전 경		아니 불	풀 해	어찌 하	더할 익	
雖	多	誦	經		不	解	何	益	
雖	多	誦	經		不	解	何	益	
雖	多	誦	經		不	解	何	益	

16. 천 마디 말　　　雖多誦經　不解何益

아무리 경전을 많이 외워도
이해하지 못한다면 무슨 이익 있으리.

解	一	法	句		行	可	得	道	
풀해	한일	법법	글귀구		행할행	옳을가	얻을득	길도	
解	一	法	句		行	可	得	道	
解	一	法	句		行	可	得	道	
解	一	法	句		行	可	得	道	

解一法句　行可得道

한 마디 진리의 말씀이라도 이해하고
실천하면 진리를 얻을 수 있으리라.

千	千	爲	敵		一	夫	勝	之	
일천 천	일천 천	할 위	원수 적		한 일	사나이 부	이길 승	갈 지	
千	千	爲	敵		一	夫	勝	之	
千	千	爲	敵		一	夫	勝	之	
千	千	爲	敵		一	夫	勝	之	

千千爲敵　一夫勝之

백만 명을 상대로
한 사람이 싸워 이기는 것보다

未	若	自	勝		爲	戰	中	上	
아닐 미	같을 약	스스로 자	이길 승		할 위	싸울 전	가운데 중	위 상	
未	若	自	勝		爲	戰	中	上	
未	若	自	勝		爲	戰	中	上	
未	若	自	勝		爲	戰	中	上	

未若自勝　爲戰中上

자신을 이기는 것이
전사(戰士) 중에 가장 뛰어난 전사.

若	人	壽	百	歲	懈	怠	不	精	進
만일 약	사람 인	목숨 수	일백 백	해 세	게으를 해	게으를 태	아니 불	자세할 정	나아갈 진
若	人	壽	百	歲	懈	怠	不	精	進
若	人	壽	百	歲	懈	怠	不	精	進
若	人	壽	百	歲	懈	怠	不	精	進

若人壽百歲　懈怠不精進

사람이 비록 백년을 살지라도
게을러서 정진하지 않는다면

不	如	生	一	日	勉	力	行	精	進
아니 불	같을 여	날 생	한 일	날 일	힘쓸 면	힘 력	행할 행	자세할 정	나아갈 진
不	如	生	一	日	勉	力	行	精	進
不	如	生	一	日	勉	力	行	精	進
不	如	生	一	日	勉	力	行	精	進

不如生一日　勉力行精進

단 하루를 살지라도
부지런히 노력하며 정진함과 못하네.

성자가 된 바보

부처님의 제자 중에 판타카라는 스님이 있었다. 그는 3년 동안 수많은 스승들에게 배웠지만 부처님의 가르침이 담긴 시 한 구절도 외우지 못할 정도로 우둔하였다. 그래서 온 나라 사람들이 그를 바보로 여겼다.

부처님은 그를 가엾이 여겨 어느 날 몸소 불러다가 시 한 구절을 가르쳐 주셨다.

"입을 지키고 마음을 잡아 몸으로 나쁜 일을 저지르지 말자. 이와 같이 행하면 이 세상을 잘 건너가리라."

판타카 스님은 부처님의 사랑과 은혜에 감동하여 그 시를 열심히 외었다. 그리하여 마침내 아라한(성자)의 깨달음을 얻었다.

그 후 파세나디왕이 부처님과 제자들을 궁전에 초대하였는데 문지기가 판타카 스님을 막으며 못 들어오게 했다.

"당신은 아는 것도 없는 주제에 감히 임금님의 공양을 받으려 하는가?"

부처님이 궁전 안에 들어가 앉으시자 궁전 밖에서 기다란 팔이 들어와 부처님께 물그릇을 바쳤다.

깜짝 놀란 왕이 부처님께 여쭈었다.

"이것은 누구의 팔입니까?"

"판타카의 팔입니다. 그는 배운 것은 별로 없지만 깨달음을 얻은 사람이지요. 오늘 내 발우(그릇)를 들고 함께 왔는데 문지기가 막아서 궁전 밖에 있습니다."

왕이 곧 판타카 스님을 궁전 안으로 모시게 했다. 그리고는 다시 부처님께 여쭈었다.

"제가 듣기로는 판타카 스님은 우둔하여 겨우 시 한 구절밖에 외우지 못한다는데 어떻게 깨달음을 얻었습니까?"

부처님은 의아해 하는 왕에게 말씀하셨다.

"꼭 많이 배워야 깨닫는 것은 아닙니다. 실천이 제일입니다. 판타카는 겨우 시 한 구절을 배웠지만 그 진리를 완전히 깨닫고 몸과 입과 뜻을 순금처럼 맑고 밝게 닦았지요. 아무리 많이 배워도 뜻을 깨닫지 못하면 정신만 해칠 뿐 무슨 이익이 있겠습니까?"

부처님께서 곧이어 앞의 시를 들려주시자, 왕은 물론 거기 모인 모든 사람들이 크게 깨우쳤다.

(83~86쪽 참조)

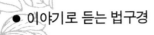

진창에 핀 연꽃

　부처님이 라자그리하의 기자쿠타산에 계실 때의 일이다.

　어느 날 성안의 부잣집 젊은이들이 부처님을 찾아와 인사드린 후 앉았다. 그러자 부처님은 그들에게 말씀하셨다.

　"이 세상에 영원한 것은 없다. 그대들이 '나'라고 집착하는 것도 영원히 존재하는 것이 아니므로 실체가 없다. 그대들이 빠지곤 하는 애정이란 것도 꿈과 같으며, 만나면 언젠가는 헤어지는 법이다.

　아무리 존귀한 신분에 부유해도 늙고 병들고 죽는 근심은 면할 수 없다. 그러한 근심 걱정으로부터 영원히 해방되려면 열반의 길밖에는 없다. 열반의 길을 닦아 모든 고통이 다 사라져야 진정 행복하고 안락할 수 있다."

　젊은이들은 이러한 가르침을 듣고 기뻐하며 그 자리에서 머리를 깎고 부처님의 제자가 되었다. 그러나 얼마 안 가 그들은 가족들을 그리워하기 시작했다. 그중에는 집에 돌아가고 싶어 하는 스님까지 생겼다.

　부처님은 이제 갓 출가하여 스님이 된 부잣집 출신의 젊은이들이 수도를 게을리 하고 심지어는 집으로 돌아가고 싶어 한다는 것을 아시고, 어느 날 그들을 데리고 성문 밖으로 나가셨다.

　더러운 시궁창 물이 흐르는 밭고랑에 이르러 부처님은 발걸음을 멈추셨다. 밭고랑의 진창 속에 오색 빛 영롱한 연꽃이 함초롬히 피어 있었다. 연꽃의 정갈한 향기가 더러운 진창의 고약한 냄새를 덮어 버리고 있었다. 부처님은 그 연꽃을 보시며 시를 읊으셨다.

　"한길 가까이 밭고랑의
　진창에 피어난
　연꽃의 향그러운 내음같이
　생사의 구렁텅이 중생들 속에서

지혜로운 이는
부처의 제자가 되네."

부처님은 이렇게 읊으시고 나서 제자들과 함께 절로 돌아오셨다. 부처님을 곁에
모시고 있던 아난다 스님은 부처님께 여쭈었다.

"아까 부처님께서 밭고랑에서 읊으신 시의 뜻을 말씀해 주십시오."

"너는 밭고랑의 더러운 진창 똥물 속에서 피어난 연꽃을 보았느냐?"

"예, 보았습니다."

"아난다, 사람이 세상에 전전하며 사는 것이 백 살 이쪽저쪽이다. 그런데 오래
살거나 단명하거나 처자식 사랑과 배고픔과 목마름, 추위와 더위, 슬픔과 기쁨, 길
흉과 탐욕, 분노, 무지, 온갖 감각과 인식, 고뇌에 시달린다. 마치 밭고랑이 똥과 오
물에 오염되는 것과 같다. 그러나 어떤 사람이 문득 세상의 무상함을 깨닫고 마음
을 내어 진리를 배우며 깨끗한 생각을 닦아 정신을 집중하고 잡념을 끊으면 저절
로 깨달음을 얻게 된다. 마치 더러운 진창에서 아름다운 연꽃이 피어나는 것처럼
말이다. 그 사람은 스스로 깨달음을 얻고 나서 다시 돌아가 가족 친지를 깨우치고
더 나아가 모든 생명들을 고통에서 해방시킨다. 마치 연꽃 향기가 온갖 고약한 냄
새를 덮어 버리듯."

이때 부처님을 따라갔다 온 오십 명의 젊은 스님들은 부처님의 말씀을 듣고 뜻
을 다시 굳게 다졌다. 그리고는 부지런히 정진하여 머지않아 아라한(성자)의 깨달
음을 얻게 되었다.

(87~88쪽 참조)

莫	輕	小	惡		以	爲	無	殃	
없을 막	가벼울 경	작을 소	악할 악		써 이	할 위	없을 무	재앙 앙	
莫	輕	小	惡		以	爲	無	殃	
莫	輕	小	惡		以	爲	無	殃	
莫	輕	小	惡		以	爲	無	殃	

17. 나쁜 짓   莫輕小惡 以爲無殃

작은 악(惡)이라도 가벼이 여겨
재앙이 없으리라 여기지 말라.

水	滴	雖	微		漸	盈	大	器	
물 수	물방울 적	비록 수	작을 미		점점 점	찰 영	큰 대	그릇 기	
水	滴	雖	微		漸	盈	大	器	
水	滴	雖	微		漸	盈	大	器	
水	滴	雖	微		漸	盈	大	器	

水滴雖微　漸盈大器

물방울이 비록 작아도
점차 모여 큰 그릇을 채우듯

凡	罪	充	滿		從	小	積	成	
무릇 범	허물 죄	가득할 충	찰 만		좇을 종	작을 소	쌓을 적	이룰 성	
凡	罪	充	滿		從	小	積	成	
凡	罪	充	滿		從	小	積	成	
凡	罪	充	滿		從	小	積	成	

凡罪充滿　從小積成

죄악도 작은 것이 쌓여
가득 차게 되나니.

탑돌이 하는 원숭이들

어떤 산에 부처님의 탑과 절이 있었다. 거기에 오백 명의 스님들이 머무르며 아침저녁으로 탑을 돌며 예배하고 있었다. 그 산에는 오백 마리의 원숭이들이 있었는데 스님들이 탑에 예배하는 것을 보고 흉내내느라고 저희들도 진흙과 돌로 탑을 만들어 아침저녁으로 돌며 예배하였다.

그러던 어느 날 오백 마리의 원숭이들은 폭우로 늘어난 계곡물에 휩쓸려 떼죽음을 당했다. 그러나 그들은 곧 도리천이라는 하늘나라에 태어났다.

하늘나라에 태어난 원숭이들은 지상으로 내려가 시체를 찾아 꽃을 뿌리고 향을 살랐다. 때마침 그 광경을 보게 된 브라만들이 깜짝 놀라 예배하며 그 이유를 묻자, 신이 된 원숭이들은 전생의 이야기를 자세히 들려주며 이렇게 말했다.

"장난으로 탑을 세워도 이러한 복을 받는데, 하물며 지성으로 부처님을 받들면 어떻겠는가?"

그동안 부처님의 진리를 믿지 않고 신만 받들던 브라만들은 크게 깨우쳐 부처님께 귀의하게 되었다.

한편 신이 된 원숭이들은 부처님을 찾아 뵙고 한 가지 의문을 여쭈었다.

"저희들은 지금 다행히 하늘나라에 태어났습니다만, 전생에는 어떤 죄가 있어 원숭이 몸을 받았으며, 또 탑을 세웠음에도 불구하고 왜 물에 휩쓸려 떼죽음을 당했습니까?"

"거기에는 까닭이 있다. 공연히 그렇게 된 것이 아니다.

오랜 옛날 오백 명의 브라만들이 있었다. 그들은 어떤 스님이 산 위에 있는 절을 진흙으로 수리하려고 나는 듯이 재빨리 골짜기에 내려와 물을 길어 가는 것을 보고 낄낄대며 '꼭 원숭이 같구만. 무슨 대단한 일이라고 저렇게 날뛸까?' 하고 조롱했다.

그 뒤 얼마 지나지 않아 그 브라만들은 폭우로 불어난 물에 휩쓸려 떼죽음을 당했다. 그때 그 산을 오르내리며 물을 긷던 스님이 바로 지금의 나요, 그를 조롱하던 브라만들은 바로 너희들의 전신인 원숭이들이다. 실없는 말을 한 죄업으로 원숭이 몸을 받아 떼죽음을 당한 것이다."

一	切	皆	懼	死	莫	不	畏	杖	痛
한 일	모두 체	다 개	두려워할 구	죽을 사	아닐 막	아니 불	두려워할 외	지팡이 장	아플 통
一	切	皆	懼	死	莫	不	畏	杖	痛
一	切	皆	懼	死	莫	不	畏	杖	痛
一	切	皆	懼	死	莫	不	畏	杖	痛

18. 폭력

一切皆懼死　莫不畏杖痛

모든 것은 다 죽음을 두려워하고
매 맞는 고통을 무서워하네.

恕	己	可	爲	譬	勿	殺	勿	行	杖
용서할 서	몸 기	옳을 가	할 위	비유할 비	말 물	죽일 살	말 물	행할 행	지팡이 장
恕	己	可	爲	譬	勿	殺	勿	行	杖
恕	己	可	爲	譬	勿	殺	勿	行	杖
恕	己	可	爲	譬	勿	殺	勿	行	杖

恕己可爲譬　勿殺勿行杖

자기의 경우를 견주어
남을 죽이지 말고 때리지 말라.

無	害	於	天	下	終	身	不	遇	害
없을 무	해칠 해	어조사 어	하늘 천	아래 하	마칠 종	몸 신	아니 불	만날 우	해칠 해
無	害	於	天	下	終	身	不	遇	害
無	害	於	天	下	終	身	不	遇	害
無	害	於	天	下	終	身	不	遇	害

無害於天下　終身不遇害

천하 만물을 해치지 않으면
죽을 때까지 폭력을 만나지 않으리라.

常	慈	於	一	切	孰	能	與	爲	怨
항상 상	사랑할 자	어조사 어	한 일	모두 체	누구 숙	능할 능	더불 여	할 위	원망할 원
常	慈	於	一	切	孰	能	與	爲	怨
常	慈	於	一	切	孰	能	與	爲	怨
常	慈	於	一	切	孰	能	與	爲	怨

常慈於一切　孰能與爲怨

항상 모든 생명에게 자비를 베풀면
누가 그대를 원수로 여기리오.

폭력의 과보

현재라는 나라의 어떤 절에 한 늙은 스님이 오랜 병으로 고생하고 있었다. 몸은 여위고 더러운데 아무도 돌봐주는 사람이 없었다.

부처님은 제자들과 함께 그를 돌보려고 찾아가셨다. 그러나 제자들은 그의 몸에서 나는 고약한 냄새 때문에 모두들 가까이하려 하지 않았다.

부처님은 손수 더운 물로 그의 몸을 씻어 주시며 정성껏 돌봐 주셨다.

때마침 부처님이 오셨다는 소식을 듣고 찾아온 그 나라 왕이 의아해 하며 부처님께 여쭈었다.

"부처님은 세상에서 가장 존귀하신 분인데 이렇게 병들고 더러운 스님의 몸을 왜 손수 씻어 주십니까?"

그러자 부처님은 말씀하셨다.

"여래가 이 세상에 나온 까닭은 바로 이렇게 돌봐주는 이 없는 병들고 가난한 사람들을 위해서입니다."

"이 스님은 전생에 무슨 죄를 지었기에 이렇게 오랫동안 병에 시달리고 있습니까?"

부처님은 왕의 질문을 받고 그 병든 스님의 전생에 대한 이야기를 들려 주셨다.

"옛날 악행이라는 왕이 있었소. 그는 백성들을 폭력으로 다스리는 독재자였소. 걸핏하면 오백이라는 장사를 시켜 백성들을 채찍질하였지요. 오백은 왕의 권력을 등에 업고 백성들을 못살게 굴었소. 어느 날 선량한 사람이 모함을 당해 그의 채찍질을 받게 되었는데 이렇게 사정했소."

"저는 불자로서 무고한 사람인데 모함을 당했으니 부디 살펴 주시오."

오백은 그 말을 듣고 마음이 약해졌는지 몸에 채찍이 닿지 않게 채찍질 흉내만 냈소.

그 뒤 오백은 목숨을 마치고 생전에 지은 죄업으로 지옥에 떨어져 온갖 고문을 당했고, 그 뒤에도 짐승으로 태어나 오백생 동안 채찍을 맞아야만 했소. 그 뒤 다행히 사람의 몸을 받게 되었지만 늘 중병을 앓으며 고통받아야만 했소.

그 오백이 오늘날 이 병든 스님이고, 오백이 봐 준 불자가 곧 오늘의 나요."

병든 스님은 부처님의 말씀을 듣고 전생의 죄업을 깊이 참회하였다. 그러자 병도 낫고 깨달음도 얻게 되었다.

老	則	形	變		喩	如	故	車	
늙을로	곧즉	모양형	변할변		비유할유	같을여	옛고	수레거	
老	則	形	變		喩	如	故	車	
老	則	形	變		喩	如	故	車	
老	則	形	變		喩	如	故	車	

19. 늙음   老則形變   喩如故車

늙으면 생김새도 변하나니
마치 낡은 수레와 같네.

法	能	除	苦		宜	以	力	學	
법 법	능할 능	제할 제	괴로울 고		마땅할 의	써 이	힘 력	배울 학	
法	能	除	苦		宜	以	力	學	
法	能	除	苦		宜	以	力	學	
法	能	除	苦		宜	以	力	學	

法能除苦　宜以力學

오직 진리야말로 고통을 없애 주나니
마땅히 힘써 배워야 하리.

거지가 된 부자

옛날 어떤 브라만의 마을이 있었다. 그 마을의 젊은이들은 몹시 교만하여 어른들을 공경하지 않고 잘난 체 했다. 어느 날 그들은 지혜를 합쳐 논쟁으로 부처님을 이기려고 자기 마을로 부처님을 초청했다.

부처님이 그들과 함께 공양을 마치셨을 때 어떤 늙은 거지 부부가 마을에 들어와 구걸하며 다니는 게 보였다. 부처님은 브라만 젊은이들에게 물으셨다.

"저 노인을 아는가?"

"오래 전부터 알고 있습니다."

"본래는 어떤 사람이었는가?"

"본래는 부유한 대신이었지만 돈을 함부로 썼기 때문에 빈털터리가 되었습니다."

"젊었을 때 교만하지 않고 늙어서도 근면 정진했다면 오늘날 저런 신세가 되지 않았을 것이다. 권세와 돈이 항상 있을 거라고 생각하고 방탕하다가 저렇게 된 것이다. 그대들도 젊을 때 부지런히 노력하고 마음의 등불을 밝혀라."

젊은이들은 이러한 부처님의 말씀을 듣고 모두들 부처님께 귀의하여 제자가 되었다.

爲	身	第	一		常	自	勉	學	
할 위	몸 신	차례 제	하나 일		항상 상	스스로 자	힘쓸 면	배울 학	
爲	身	第	一		常	自	勉	學	
爲	身	第	一		常	自	勉	學	
爲	身	第	一		常	自	勉	學	

20. 자기   爲身第一   常自勉學

자신을 위해 첫째로
항상 스스로 배움에 힘쓰고

利	乃	誨	人		不	惓	則	智	
이로울 리	이에 내	가르칠 회	사람 인		아니 불	게으를 권	곧 즉	지혜 지	
利	乃	誨	人		不	惓	則	智	
利	乃	誨	人		不	惓	則	智	
利	乃	誨	人		不	惓	則	智	

利乃誨人　不惓則智

이익이 있거든 남들을 깨우치되
게으르지 않으면 지혜로운 사람일세.

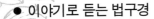

남을 업신여긴 과보

다마라국의 한 절에 오백 명의 스님들이 수도하고 있었다. 그런데 그중에 마하로라는 늙은 스님은 매우 우둔하여 몇 년 동안 수도를 했어도 부처님 말씀 한 구절도 외우지 못했다. 스님들은 그를 업신여겨 항상 절이나 지키고 청소나 하라고 시켰다.

어느 날 그 나라 임금이 스님들을 초청하여 모두들 궁전에 들어가고 마하로 스님만 홀로 남았다. '이렇게 우둔하고 천대나 받으며 살아서 무엇하리?' 이렇게 생각한 그는 큰 나무에 목을 매어 자살하려고 했다.

부처님은 깨달음의 눈으로 그것을 보시고 나무의 신으로 나타나시어 그를 나무라셨다.

"왜 이런 짓을 하는가?"

마하로가 자기 고민을 털어놓자 부처님은 본래의 모습을 나타내시고 말씀하셨다.

"과거 카샤파 부처님 때 너는 오백 명의 제자를 가르치는 스승으로서 스스로 지혜롭다고 남들을 업신여기며 경전을 잘 가르치지 않았다. 그래서 날 적마다 우둔한 것을 왜 한탄하여 자살을 하려 하는가?"

마하로는 이 말씀과 시를 듣고 깨달았다.

順	行	正	道		勿	隨	邪	業	
따를순	행할행	바를정	길도		말물	따를수	사악할사	업업	
順	行	正	道		勿	隨	邪	業	
順	行	正	道		勿	隨	邪	業	
順	行	正	道		勿	隨	邪	業	

21. 세속(世俗)　　　順行正道　勿隨邪業

바른 길을 따라 행하고
그릇된 일을 따르지 말라.

107

行	住	臥	安		世	世	無	患	
다닐 행	머무를 주	누울 와	편안할 안		세상 세	세상 세	없을 무	근심 환	
行	住	臥	安		世	世	無	患	
行	住	臥	安		世	世	無	患	
行	住	臥	安		世	世	無	患	

行住臥安　世世無患

그러면 언제나 편안하고
세세생생 근심이 없으리라.

108

보물보다 귀한 진리

옛날 다미사라는 왕이 하루는 보물을 산처럼 쌓아 놓고, 원하는 사람은 누구나 한 웅큼씩 가져가게 하였다. 부처님은 브라만으로 변신하여 그 임금을 찾아가셨다.

그러고는 집을 짓는 데 필요하다며 보물을 한 웅큼 가지고 갔다. 그러나 일곱 걸음쯤 가다가 돌아와 그 보물을 도로 갖다 놓았다.

"왜 도로 가지고 왔소?"

"이것으로 장가까지 들기에는 어림도 없기 때문입니다."

"그럼 세 웅큼 가져가시오."

브라만은 보물을 가지고 가다가 다시 돌아와 제자리에 놓았다.

"왜 그러시오?"

"논과 소, 말이 없으니 그만두렵니다."

"그럼 이 보물을 다 줄테니 가져가시오."

그러나 이번에도 브라만은 포기했다. 눈이 휘둥그레진 임금이 의아해서 묻자,

"덧없는 인생에 보물을 산처럼 쌓아 놓고 욕심 때문에 고통받느니 차라리 진리를 찾겠습니다."

하고 브라만이 말했다.

그 말을 들은 임금은 크게 깨우쳤다.

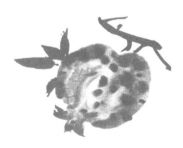

연습문제

1. 다음 한자어의 음을 써 보세요.

① 理解(   )　　② 經典(   )　　③ 倦怠(   )

④ 充滿(   )　　⑤ 容恕(   )　　⑥ 正道(   )

2. 다음 뜻에 해당하는 한자어를 써 보세요.

① 불교에서 첫째 계율로, '살아 있는 생명을 함부로 죽이지 말라는 말
…………………………………………………………… (   )

② 학문에 힘씀 …………………………………………… (   )

3. 법구경의 게송(시)을 한자음으로 읽고 풀이해 보세요.

① 水滴雖微　漸盈大器

음 : ＿＿＿＿＿＿＿＿＿＿＿＿＿＿＿＿＿＿＿＿＿

풀이 : ＿＿＿＿＿＿＿＿＿＿＿＿＿＿＿＿＿＿＿

＿＿＿＿＿＿＿＿＿＿＿＿＿＿＿＿＿＿＿＿＿

② 常慈於一切　孰能與爲怨

음 : ＿＿＿＿＿＿＿＿＿＿＿＿＿＿＿＿＿＿＿＿＿

풀이 : ＿＿＿＿＿＿＿＿＿＿＿＿＿＿＿＿＿＿＿

＿＿＿＿＿＿＿＿＿＿＿＿＿＿＿＿＿＿＿＿＿

정답
1. ① 이해 ② 경전 ③ 권태 ④ 충만 ⑤ 용서 ⑥ 정도
2. ① 不殺生 ② 勉學
3. ① 93쪽 참조 ② 99쪽 참조

● 회향 발원문

사경한 날짜 :

사경한 사람 :

나의 발원 :

이 경전을 읽고 쓴 공덕으로 이웃과 모든 생명들이
저희들과 더불어 평안하고 깨달음 얻기를 바라옵니다.
갈라진 우리 겨레 하나 되고 온 세계 평화롭기를 기원합니다.

엮은이 정 의 행

1978년 봉선사에서 전 조계종 원로의원 故 운경 스님을 은사로 모시고 수계. 호남 불교대학 교수 역임. 광주불교문화대학 교수 역임.

저서로《한국불교통사》《인물로 보는 한 국불교사》《생활 속의 진언》《내 안의 나 를 찾아서》《49재 공덕과 의미》등이 있 고, 역서로《약사경》《부모은중경》《미륵 6부경》등이 있다.